Die alten Drachenflügel schütteln

Heidrun Schaller

Die alten Drachenflügel schütteln

Reisegedichte einer Pilgerin

elbaol verlag hamburg

FSC
www.fsc.org
MIX
Papier aus verantwortungsvollen Quellen
Paper from responsible sources
FSC® C105338

Impressum

Rechte für diese Ausgabe:
elbaol verlag hamburg, Meldorf
www.elbaol-verlag-hamburg.de

Covermotiv und Illustrationen:
© Heidrun Schaller

Druck, Fertigung, Covergestaltung und Vertrieb:
BoD GmbH, Norderstedt

ISBN 978-3-939771-82-1
EUR 15,99

Inhaltsverzeichnis

Über meine Reisen

Immer schon waren meine Fernreisen *Pilgerreisen.* Ich will nämlich nicht erst in den Himmel kommen müssen, um einen Bereich zu betreten, in dem ich der Göttlichkeit begegnen kann. Es gibt diese Orte auf der Erde und sie entstehen durch unsere Absichten und durch *vorurteilsfreie Offenheit* – ich suche auf diesen Reisen solche Orte auf. Als *Pilgerreisende* tue ich dieses freiwillig und es sieht so aus, als hätte ich ein äußerliches Ziel im Auge, das ist aber nicht so, es ist eher ein innerliches. *Geklärt werden soll mein Blick,* damit ich sehen kann, *wer und was ich immer schon war,* auch wenn dieses wahre Sein im Alltag leicht von mir übersehen wurde. Pilgern ist für mich der Prozess, *die in mir liegenden Energien zu mobilisieren.*

In der indischen Religion werden die Götter als das Bleibende, das Unbewegte gesehen, *das Leben aber als unaufhörlicher Wandel.* Das Herz einer *Pilgerreisenden* dramatisiert diesen Gegensatz – ich umwandere gewissermaßen pilgernd die Götter.

Anadamei schreibt über das *Pilgern* und dessen Gewinn:

Auf der Reise des Lebens gibt es zwei Sorten von Pilgern –

Die eine ist, wie ein Tourist, darauf aus, Sehenswürdigkeiten zu begegnen – sie wandert von einem Ort zum Nächsten, liebt erst dieses Ding, dann jenes, bewegt sich von Erlebnis zu Erlebnis – um der Freude willen.

Die andere beschreitet den Weg, der aus dem wahren Wesen des Menschen besteht und welcher zu ihrem wirklichen Zuhause, *zu Selbsterkenntnis führt.* Sie lässt das Göttliche in sich sprechen und ihre Gedanken wachsen in der Stille. *Jeder Schritt führt sie nach Hause in ihr eigenes Herz.* So lange man sein eigenes Zuhause noch nicht gefunden hat, so lange wird man leiden. Ein Gefühl getrennt zu sein ist die Ursache des Leidens und begründet ist dieses Gefühl in einer falschen Wahrnehmung, einer Verblendung, der Idee von Dualität. Aus diesem Grund wird die Welt *duniya* – auf Dualität basierend – genannt. Aber Zuhause ist weder hier noch dort, es ist entweder nirgendwo oder in mir. Die wahre *Pilgerin* ist diejenige, welche *darshan* sucht, jene Energie, die vom Heiligen aus geht. *Eine* Pilgerin *zu sein heißt, jederzeit offen für die Wunder zu sein, offen für das mich Übersteigende, mich Überwältigende, einen Blick auf den Saum des göttlichen Gewandes zu werfen.* Nicht alle, die dem Heiligen gegenüber stehen, können von ihm profitieren – viele bleiben wie sie waren: trocken, auch wenn sie ins Wasser springen.

Jeder Schritt der *Pilgerin* bedeutet Tod – jeder Schritt ist Geburt. Die Ferne grüßt, Sehnsucht wird wach. *Die* Pilgerin *sucht nicht, sie findet.* Wer das Ziel seiner Pilgerreise mit dem Geist fassen möchte, dem entgleitet es.

„Eine *Pilgerinnenreise* ist eine Reise durch den Raum, eine Reise in eine heilige Zeit und *durch sich selbst, man durchquert die Landschaft der Seele, man zeichnet die Inhalte der Seele auf.*"

Ja – und das machte und mache ich unter anderem durch das Schreiben von Gedichten, die mir aus diesem „geöffneten Herzen" fließen. Dieses Reisen in die Ferne ist immer ein Reisen zu mir selbst – mich kennenzulernen in extrem anderen Lebensumständen, aufwachen aus dem all täglichen Trott.

Eine Reise zu den endlosen Horizonten

Südafrika / Namibia

Von Kapstadt bis zur Etosha-Pfanne und zurück nach Kapstadt

(6.500 km; 1998)

endlose grenzenlose
Ödnis
bis zu den Horizonten
plattgedrückt
vom ewigen Himmel
Absturz
grandios
der Fall
der Wasser
gischtet
tief in die Schlucht
der Regenbogen
spielt
ein Farbenlied
auf Granit

nicht nur
Frau Lot
auch das Meer
Woge um Woge als Kalahari erstarrt
unter der sengenden Hitze
der eisigen Nacht
karge Heimstatt für
Tiere und Pflanzen
öder Widerstand
gegen
die vorrückende
Zivilisation
eine Ahnung,
dass sie lebt
wenn wir
längst
gegangen sind

über
den gebleichten
Knochen
der Rhythmus
von Wind
Weite Meer
Sand
tanzt dazu
den Totentanz
wirbelt
zurück
in die ewige
Wiederkehr

der Mensch
nicht mehr
geschützt
durch
das gebogene Horn
des großen Büffels
zerrinnt
im flammenden
Sonnenuntergang
zu Sand
flüchtet
hochbeinig
mit den
Giraffen
in seine
wüste
Ewigkeit

rinnende Tage
vom Sonnenaufgang
bis zu ihrem Untergang
zwölf Stunden
in Staub
Ödnis und Weite
fernab
künstlichen Lichtes
ausgesetzt
den Wettern
und Gewalten
getröstet
unter fremden Sternen
fühle ich
mein kleines Menschsein
eine große
aushöhlende
Einsamkeit

Babels Turm –
die Weißen
haben ihn auch
in Afrika errichtet
kein Gott strafte
verwirrte ihren Glauben
nur sie seien die Herren
des Landes
des Lebens
heil-los
die Folgen
für die schwarzen Völker
verloren
ihr Rhythmus
ihre Tradition
ihr Leben -

der glutheiße Wind
sucht sich
seinen Weg
leere
Fensterhöhlen
weinen
schwarze Tränen
auf ödes
ausgelaugtes Land
sickern
in die Städte
ballen sich
in Townships
erheben die Faust
wider
die weiße Flut

mit wunden
Fingern
nach den Träumen
greifen
nicht nur
Kinder
Hunger
Tod -
eine Welt
zum Leben
Lieben
Lachen-
Spuren
auf dem Weg
zur eigenen
Identität

das Gespräch
der toten Schädel
schwarz und weiß
zu spät
die vielen Wunden
Rache
Babylonische Sprachverwirrung
ganz sachte
belebtes Blut
versteht
die Sprache
der Hoffnungen
Auferstehung
des Lebens
in schwarzer
Republik

aus den Steinen
ein Pochen
rote Spur
durch
verkarstetes
Ödland
Horizonte
reichen sich
das letzte Grün
vernageln dem Krieg
alle Schlupflöcher
im Sandsturm
braust
das Lied
vom Leben
neu

Wieder mal: Heimkehr in „mein" Russland

Kindheit von 1946 – 1953
in Oranienbaum (heute Lomonossow)
bei St. Petersburg (damals Leningrad; 1998)

Schloss Oranienbaum

Oranienbaum

aus dem Mutterschoß
der Erinnerung
greift
das Kind
nach der Erklärung
für die Gefühle
Vorlieben -
gelb und grün
zart
das Leben
durchranken
eine Kraft
die auch
im Graubeton
der Jahre
durchbricht
und lebendige
Blüten trägt

Peterhof

Im Rücken
den Stamm der alten Linde
atmet mein Herz
Kinderlachen
schwingt sich auf
zu den weißen Sommerwölkchen
über das blaue weite
Baltische Meer
eilt
durch die Gärten
der Kindheit
hört die
vergoldeten Geschichten
aus der Zeit
vor ihrer Wiederkehr

Sestroretsk (bei St. Petersburg)

im harzduftenden
Wind
Erinnerung
beunruhigt
die Gefühle
blaubeerlila Lippen
schmecken
das wilde Aroma
der Kindheit
Sandburgen
dem Meer abgerungen
hinterließen
keine Spur
nur eine Muschel
am Meeresufer
verblichen
in all den Jahren
weint nun
in meiner
Hand

Janusköpfige Gefühle
werfen sich
den lichten
Birkenmantel um
das Schwere
zu leichten
mit dem Goldorangepinsel
treppab
im Glöckchengeklingel
der Troika
herausgezogen
aus den
roten Jahren
bröckelt
das Leben
hinter dem Prunk
der machtausstreckenden
Kirche
und der Verehrung
des Zaren

schimmernde Wasserworte
gleiten
aus dem Atem
der Leere
berühren
mit dem Flügelschlag
der Zeit
die verblühten
Gedanken
Wellen weinen
mit dem Wind
ein Lied
auf das sandige
Ufer

Vogelschwärme
bunt
wie die wechselnden
Gedanken
im Blütenschatten
flatternde
Winde
Verwunderung
steigt
in die Sehnsucht
zur Insel
im Meer
des blauen Lichts
der Sand
flüstert
von den Torheiten
der Gezeiten
vom Menschsein …
heimlich
im Mondlicht
traumdurchwebt
das Land
Wasser
ufert aus
keine Linien
verfremden
das Unabänderliche
im Gesang
des Windes
ein Hauch
vom Ich –

haushoch
wellt
Woge um Woge
den Sand
leckt
die Ufer
gierig
hinaus
Atlantis
fernt
die Sehnsucht
im goldenen
Abend
zu schaukeln
das Morgen

die Sonne
hundertfach
in jedem Tropfen
am Gras
gebären
das Glück auf Papierfetzchen
kritzeln
Wasser trinken
berauscht
hinter uns
das Sternengeglitzer
Billigkeit
blättert ab
das selbständige Leben
den Händen
überlassen
dem Weinen
nahe sein
an den Scheiben
unsichtbar
den Hilferuf
Worten
bis der Regen
ihn
abwäscht
in die staubige
Dürre

Besuch bei den Ahnen

Island (1991)

unter
dem Helm
ein Gespenst
ein Gott
im Zwielicht
des Gestern
eingetaucht
mit der Tarnkappe
der Zeit
flüstern
mit einer
ganz anderen
Sprache
treiben
an das Gestade
Thules

im Gischt
die Asen
kämpfen
mit den Riesen
zu löschen
den züngelnden
Weltenbrand
hochaufgerichteter
Steven
trotzt
dem Sog
die Zeit
ein Tyrann
labyrinthische
Visionen
irren
aus der Tiefe
verschmelzen
mit der Gewalt
des Himmels
in einem einzigen
Aufbäumen
entscheidet sich
Leben oder
Tod

Herbstzeitlose

rau
die Luft
weckt nicht
das saftige
Grün
wölfisch
und hungrig
streift
der Wind
die Kahlbäume
dunkle Wolken
schläfern
der Sonnenuhren
Zeit
Pfützenaugen
spiegeln
des Jahres
runzeliges Gesicht
hochgezogen
die Schultern
fröstelnd im Kragen
fest die Türe schließen
nur leichtes
Flackern
der Träume
blüht

Wikingerkönig

Inseln im Regen
alt der Mann
König
schreckliche Umstände
der Jugend
vorlaut
im Karussell
regt sich
zu wenig
Geheimnis
über der Paarung
Jäger und Instinkt
im Labyrinth
verteidigen das Glück
Anspruch
in Maßen
ordentlicher Trubel
Verlust
dem Wind
eben noch
der letzte Rest
Nachtbetrieb
schwarzer See
Schatten
damals schon
eingetroffen
die Zerstörung

der Selbstbestimmung
passieren
den Ozean
steinern
sich darstellen
die kleine Bewunderung
durchschneiden
alles was fehlt
ein Floß
am Meer
Triumph des
Lichtes
glückliche
vergessene Blumen
eisig
das Dunkle getragen
von der Planung
wahlweise
den Konflikt
laufen lassen
aus dem Netz
zielstrebig
das Wissen
der Kinder finden

Ankommen,
immer wieder
im salzigen
ewigen Urmeer
eintauchen
in diesen
kalten Schauer
der Erinnerung
schwimmend
mich erinnern
an das Leben
vor der Geburt
auftauchen
in diesen Tag
voller
Sonnenlicht
und Freundinnenlachen

hart
an der Wasserkante
die eigene Spur
so schnell
von den
leckenden Wellen
erfasst
eingeebnet
als wäre ich
nie
hier
am Ufer
des Meeres
so glücklich
und eins
unter
dem hohen Himmel
geschritten

im einzelnen
Sandkorn
Erkennen
diesen Weg
aus dem
Meer
unter
der Weite
des Himmels
frei
mit dem Wind
sich zu türmen
zu Dünen
den kleinen
Schwestern
der Wüste

mich verbinden
mit
der Ahnin
die aus
der Runenschrift
namenlos
raunt
da
Tochter nur
von König Odinkar
keine
eigene Geschichte
und doch
so stark
in meinem Blut
lebendig

aus dem
Urgestein
geschaffene
Gestalt
Schwester
aller Frauen
im Leid
erstarrt
durch
mein Mitgefühl
erweicht
zu
grünen
Tränen

das Gerede
in Grund
und Boden schweigen
lauschen
dem Klang
den Bildern
aus Jahrtausenden,
die im Stein
geborgen
im Vogelsang
aufgestiegen
im Glucksen des Wassers
an der
abbröckelnden
Steilküste
als wilder
Schmerzensschrei
von den
gestrauchelten
Bäumen
ich
verbunden mit
dieser vielstimmigen
Lebendigkeit
schwinge
mich ein
in dieses
Lied
des Lebens

gelauscht
dem Lied
von Holla Freya
unseren Göttinnen
die hier
den Weg zu Tal
plätschernd
raunend
durch Erdas
wilde Bergwelt
mich einschließen
in diesen Segen
der ewigen Wiederkehr;
meinen Schritt
leichten
auf dem steilen Pfad
zu mir selbst

die alten
Drachenflügel
schütteln
abwerfen
den Tand
und Müll
des Gestern
spreizen
das Gefieder
zum Flug
in den sich
rötenden
Tag

im Sturm
regnen sich
rote Tränen
in schmerzende
Landschaft
Noten in
die Wiesen
zu singen
das Lied
von der
Freiheit

die Kraft
der Ahninnen
spüren
im Angesicht
des Wildwassers
das sich
in Jahrtausenden
durch den Fels
einen Weg
wie ich
Weib
die Wildheit
von Holla
wieder spüre
voll Glück

ein zerzauster
einsamer Flügel
flattert
der Zeit
davon
einen Mundvoll
Schmerz
zu schmecken
diese Neige
im Stundenglas
des Menschseins

die Arche
gestrandet
auf dem Hügel
weit außerhalb
verhüllt
von Nebelfetzen
ein Ort
der Geborgenheit
für nährende
weibliche
Selbstbewusstheit

abgesprungen
vom Rande
des Alltags
die Wasser
der Urmeere
durchquert
angekommen
in Hollas Reich
zu lernen zu fühlen
die andere Seite
des Lebens
den Schatten
das Ungelebte
zu suchen
und liebevoll
als Teil von mir
mit hinauf
durch das Tor
des Unbewussten
in mein Leben
zu gebären

den Windungen
der Wellhornschnecke
mit der Sehnsucht
nach Entwicklung Erweiterung
folgen
mich einschwingen
in diesen
spiraligen
Weg
auch
meines Seins

mit allen Sinnen
Freiheit
atmen
der Seele
wandernden Schrittes
Raum geben
abwerfen
das plappernde kreisende
Gedenke
leer und offen
einfach
da Sein
in dieser
bergigen
kargen
Urnatur

Der Sehnsucht folgen – Heimweh nach der Ferne

In der Sahara

(Südwestmarokko bei Zarzate; Kameltreckingtour2001)

die Augen
schließen
um dem orangeroten
Sonnenaufgang
die Farbe
zu entleihen
mit dem Pinsel
der Phantasie
ein Wüstenbild
erschaffen
eintauchen
in diese Weite
diese Berührung
von Himmel und Erde
das Selbst
so winzig
und doch pulsierend
lebendig
staunend
jedem Sandkorn
begegnen
das die Botschaft
vom Meer
vom Ursprung
von Geburt
und Vergehen
Woge um Woge
in mir
wellt

ich kreise
über den Stoppeln
meines Lebens;
einer schwarzen
verwundeten
Krähe
gebe ich
meinen Namen
höre
den Wolfsruf
aus der Weite
der Stille
folge
meinem
Heimweh
nach der Ferne

ein verlassener Wind
weht
über wüstes
Land;
mit
welken Händen
durchkämmt er
den Sand
und den weiten Himmel-
wirbelt
alte Äste
durch den
endlosen Raum
die gnadenlose Sonne
verwandelt
Stein zu Gold
meine Seele
erglüht
weitet sich
ohne Ende
irrt
frei-geistig
chaotisch
zu den Küsten
nährt
dort
ihre Wildheit
zu dem
scharlachroten Fanal:
„Nie mehr kalt und leer!“

in der Zeitlosigkeit
der Wüste
im Abschütteln
der Hektik
der Ziele
des Haben-Wollens
etwas
vom Leben
meiner Seele
unter der Einöde
wiederfinden
von den Toden
unter den Sandschichten
auferstehen
wieder ganz
Da-Sein
inmitten
des Gesanges
der Sterne –

Jahrmillionenalter
Wüstensand
birgt
meine Spur
vom Betreten
der Welt
gibt Auskunft
über meine
Wildnatur
meine Aufgaben
während
meines
Weges
unter
den Sternen

unaufhörliches Wehen
heult
und klagt
sein Sandlied
aus
uralter Zeit
legt die
weißen Knochen
frei
dieses Leben
das hier
verging
ohne Hoffnung
in der Kargheit
dieses
versandeten
Meeres

Windorgel
bläst
das Ewiglied
dem Sand
zum Tanze
über
unendliches
Ödland
zur Heimkehr
in Dünen
wellig
wie das
Meer

Wasser, Brot,
ein Stück Käse –
werden
hier
im riesigen
Sand- und Steinmeer
zum Quell
von Glück
und Leben –

schwer
die Gedanken
in die Gefühle
aufsteigen
bis in
die Mondschaukel;
ausruhen
die Masken
der Anpassung
tränenleicht
fallen lassen
Blüten
treiben
die sich
als Lächeln
über der Wüste
aus gießen

der Sehnsucht
gefolgt
in die Einsamkeit
von Sand und Steinen

das Leben
gelernt
unter den Sternen
in Kälte
und Großartigkeit

die Seele
genährt
mit der Kraft
der Stille
und der Bilder

den Körper
trainiert
beim Wandern
über die karge, spröde
wunderschöne Mutter Erde

heimgekehrt
mit
neuer Sehnsucht
und warmem Leuchten
im Gepäck

schillernde
Farben
aus der Weite
des wüsten Landes
färben
lebensfroh
den wiederaufgenommenen
Faden
des alltäglichen
Seins

ausgeträumte
Stille –
Zeit
tickt wieder
fordernd
die Seele;
trübt
den Blick
für
das Sein
raubt
die Kraft
des Herzens
im Sog
der geschäftigen
Tage

Zu Besuch in der Traumzeit

Mit dem Wohnmobil ins Outback von Australien

(3.000 km; 2002)

den Träumen
erlauben
durch
das endlose
Buschland
zu streifen
Rostrot Grün Blau
zu sammeln
um diese Träume
mit ihrer Melancholie
ihrem samengehitzten
Duft
von Freiheit
auszumalen

dem Gesang
der Seele
folgend
hat sich ein Flügel
losgerissen
zerzaust
und einsam
flattert er nun
im Niemandsland
meiner Sehnsucht

den Atem aufgespannt
zwischen
dem Gestern und dem Heute
ruhe ich
in diesem Rhythmus
der Brandung
und meines Herzschlags
bin umfangen
vom schwülewarmen
Tropenduft
angekommen
in meinen Sehnsüchten
endlich

beschwingten Fußes
entlang
an diesem
endlosen
Rollen Rauschen
sich Überschlagen
den feinkörnigen Sand
zwischen den Zehen
bin ich ganz
Gegenwart Augenblick
nehme die Gaben
des Meeres
Muscheln Schnecken
in unendlicher Vielfalt
als Boten
aus der Tiefe
öffne mich
weit
in diese Geborgenheit
Zeit
von Anbeginn
ich
auf dem Weg
zu mir

ausgebreitet
das Segel
meiner Seele
zwischen
weit geöffneten
Armen
treibe ich
auf dem fließenden
Wasser
spüre
wie alles
Haben-Wollen
– Zeit –
Vergangenheit
und Zukunft
zusammenschmelzen
in dieses Augenblickskörnchen
Glück

die Schöpferin
allen Lebens
weint
rostrote Tränen
über
das Schicksal
ihrer
so grau
gewordenen
Kinder
versucht
ihre Seelen
zu netzen
mit Mut
und Spiritualität
ruft
aus hunderten
von Mündern
nach ihren
verlorenen
Kindern

Mit allen Poren Freiheit atmen

Mit dem Mountainbike den Kettle Valley Rail Trail:
Von Hope nach Vancouver (Canada / British Columbia; 2003)

eingebunden
mein Sein
in die Energie
dieses
wilden rauen
herrlichen Landes
umspült
von sonnenwarmer Luft
getragen
vom uralten Fels
gereinigt und erfrischt
von klarem Gebirgswasser
spüre ich
mich selbst
in einer
neuen, starken
Lebendigkeit

unter den Asphalt
der pulsierenden Stadt
haben sich
die Tränen
der Verdrängten
die einst
an diesem
fisch – und tierreichen See
stolz
seit Jahrhunderten
lebten liebten starben
gesammelt
nun gammeln sie
tränen- sprachlos
unter dem
letzten
großen Baum
im Alkoholrausch
identitätslos
dahin

umspült
und umglitzert
sitze ich
auf einem Felsen
im fließenden
klaren
Gebirgswasser
spüre die Zeit
mein Leben
deutlich
wie nie
enteilen
hin
zum großen
Fluss
und
weiter
ins ferne
Meer

mein Kanu
in den Strom
des Alltags
eintauchen
alle Farben
im Wind riechen
auf dem Sonnenstrahl
flussab
bis zum
sicheren Hafen
steuern

mir
die Flügel
der Gänse ausleihen
leicht und frei
über
Fluss und Berge
fliegen
in diesem
wunderschönen
Canadasommer

tief in mir
schlummert
meine Unfreiheit
drängt mich
hinaus
mit dem Wolf
und
mit den Schatten
zu tanzen
im vollen Licht
der Mondin
nackt

die Masken und Totems
der ersten Menschen
in diesem Land
die vertrieben ausgebeutet getötet
wurden
blicken mit
zornigem Schnabel
aus jedem
Felsen Stein Busch
als Mahnung
und Hoffnung
für dieses
wildschöne Land

Wind und Wetter
haben
Mensch und Natur
verwildert
zerklüftet
gespalten
wild und tief
hängt
der Himmel
nun
über
dem klagenden
Land

Ich folge dem Ruf meines Herzens und der Magie der Mittsommersonne

Hinter dem Polarkreis die Lofoten und Vesteralen (Norwegen) mit dem Rad erleben (514 km; 2005)

Yggdrasil
aufgestiegen
aus dem Urmeer
getragen
vom Leben
hat seine Blätter
verloren
kann
die Verwüstungen
nicht
mehr tragen
sackt
ganz langsam
zurück
ins Nichts

Riesenatem
streifte
das grüne
Land
Zerstörung
atmet
nur noch
schwach
in verborgenen
Ritzen
doch
ein zarter
Flügel
kost die
schweren Wunden
sanft

vom Wind
gezaust und
von der Sonne
umschmeichelt
radele ich
zwischen Meer
und Bergen
auf diesen Inseln
wo die Götter wohnen
ich
Göttin
auf Zeit

ausgesetzt den Wettern
nackt frierend
steht er
hoch auf einem Hügel
der Mutter Erda
dem vielgestaltigen Meer
zugewandt
wie ein Baum
verwurzelt
und hochstrebend
zart
hält er
das Herzklopfen
seines Menschseins
auf geöffneten Händen
opfernd
und ergeben
hin
zu beschützen
mit seinem
geschundenen
Leib

Frau und Kinder
die an Land
in seinem Rücken
das Leben
weiter
tragen
auch dann noch
wenn er
dem Meer
für immer
zurück
gegeben
wurde

immer
rufen schon
die Seelen
der Ertrunkenen
wenn ein Schiff
in schwerer See
die Männer
ums Überleben
kämpfen
lockender Sirenengesang
aufzugeben
einzugehen
in das
uralte
Meer

meine Zeit
hier
hinter
dem Polarkreis
so nahe dem Himmel,
den Wolken,
dem Meer-
rinnt nur leicht
gekräuselt
und sachte
sich wiegend
wie der Nachen
im Fjord
vor den rotgelbblauen
Hütten
und den dunkelschroffen
Bergen
aus ururalter
Zeit

einen schlafenden
Troll
von seinen
bemoosten
Felsenhöhen
gelockt
mit ihm
ausgeschritten
hinabgestiegen
bis zu den
kalten Fjorden
im Schein
des Mittsommerlichts
ganz vorsichtig
gemeinsam
in den Träumen
der gelbrotblauen
Hüttenbewohner
gelacht
ihnen zugeraunt
von der Freiheit
der einsamen
Berge

eilig
hat es
das Blühen, Bunten, Prunken
in den kurzen
Sommern
Hinter
dem Polarkreis
berauschend
stürzt sich
die Natur
in Gerüche,
Farben, Früchte
gibt
in kürzester Zeit
todessüchtig
alles hin

Stille
spiegelt sich
im verwunschenen
Bergsee
gibt mir Kraft
mit ihrem Strahlen
mir –
als Teil
dieser urfelsigen
grandiosen
Einsamkeit

Feuergeister
fliegen
über
öde Steppe
wildzerklüftete Berge
Wälder und Seen
vereinen sich
mit der Mondin
zu singen
ein Duett
vom Leben und Sterben
von Lust und Leid
von dieser ganzen
großen
Menscheinsamkeit

gefolgt
der Spur
der Ahnen
auf den Thingplatz
hoch über dem Fjord
hier
mich hineingespürt
in diese Leben
karg und großartig
zugleich
meinen Atem
meinen Herzschlag
verbunden
mit diesem Erbe
starker
unbeugsamer
Geschlechter

die Frauen
in dieser
naturgewaltigen
Lebensumwelt
nicht sichtbar
in den Häusern
und doch
erscheinen sie
auf Gemälden
werden
in Texten
und Liedern
besungen
blüht auch hier
ein kurzer
verliebter
Mittsommerrausch

Das Gesicht der Göttin im Spiegel finden

Nord-Indien (2005)

die Seele
vorauseilend
über dem Himalaja
kreisend

kreisend
über diesem Land
wo die Göttin
wohnt
ahne ich
meine Flügel
und das Lächeln
der Göttin
im Spiegel
des Ganges

mir den Sinn
meiner jetzigen
Inkarnation
durch den Götterhimmel
der Hindus
den Kampf
meines inneren Dämons
mit der
lächelnden Göttin
in mir erklären
und vierarmig
graziös
auf meinem Dämon
tanzen

die mannigfaltigen
Abbilder
von Göttern
diesen Teilen
der menschlichen
Hoffnungen und Ängste
vielgestaltig vielarmig vielfarbig
sollen helfen
den Übergang
zu finden
zu meinem
spirituellen Selbst
zur lichtvollen
Göttin
in mir

Hautfarbe,
Gesicht
und Kleidung
ich
so fremd
in dieser
dunkelhäutigen Armut
verschließe
Ohren und Herz
vor diesem
tausendfältigen Leid
das an mir kratzt
flüchte
in den Tempel
barfuß
und beschämt
mein Haupt
zu beugen
in händeringender
Hilflosigkeit;
von der grünen Tara
in meiner Verwirrung
Rat zu erheischen
doch auch sie
bleibt mir stumm

und so
muss ich
ungetröstet zurück
in diese
mich umfangende
tausendäugige
Armut
mit nichts
als meinem
abwehrenden: Nein!
auf den Lippen
und wild klopfendem Herzen
vor Pein und Scham
so reich
und doch
so arm
zu sein

zu pilgern
diesen mir so fremden
langen
beschwerlichen
Weg
von der Trennung
hin
zur Ganzheit
lächelnd weinend
verbunden sein
mit allem was ist
mich berühren lassen
an diesem Punkt
in mir

LEUCHTEN

ich will schreiben
meine verwirrten Gefühle
Gedanken
aufschreiben
auf weißes Papier
aufschreiben
vom Gestank
vom Müll
und von tiefer Versenkung
aufschreiben
von Apathie vom Lachen
und den farbenfrohen Saris
und immer noch
habe ich
so viel
weißes sauberes
Papier
das niemals
spiegeln kann
was ich
in Varanasi
sah,
fühlte
und nicht in Worte
fassen kann

in Dunkelheit gehüllt
strömt
der Leib
der Göttin Gangha –
ich wage mich
im Nachen
hinaus
um mich
anzuvertrauen
dieser Nährmutter
mit ihr
zu erwachen
zu glitzernd
strömendem
Tagleben
welches das Bewusstsein
der in sie eintauchenden
Menschen
mit Spiritualität
entzündet

immer strömend
immer gebend
bis der Mond
sie
in Silber taucht
und der ewige Kreislauf
aufs Neue
beginnt

aus der Höhle
des Uterus
einen Strom
der Kraft
dem Tiger
und der lächelnden
Kali
erzeugen
um aufzuschreiben
das Leid
der Frauen
in die Welt
des Lichts

den heiligen Kühen
hinaus
aus dem Moloch
Stadt
in die Reisfelder
folgen
mich niederlassen
wie Buddha
unter dem Schattendach
eines Boddhibaums
am Fluss
und einfach nur
da – Sein

die Erfahrung
vom Fremd-Sein
im Außen
führt mich
über den Schmerz
den uralten Schmerz
meiner Ungeborgenheit
immer tiefer
hin
zur Quelle
der Selbstbemutterung
die ich
so lange
viel zu lange
nicht spürte
nicht fühlte
vergaß –

seit Urzeiten
strömt Gangha
aus den Haaren
Shivas
dieses Hinduland
mit all seinen Göttern
zu befruchten
kennt oft
kein Maß
überflutet vernichtet nährt
nimmt alles auf
was der Mensch
ihrem heiligen Strom
ihrer Göttin
anvertrauen
die Asche der Verstorbenen
Wünsche und Gebete
Müll und Unrat
reinigend
dieses ewige Lebensrad
strömend
strömend
jeden Augenblick
neu
und doch
uralt

die Frauen
bunt und aufrecht
in ihren Saris
versammeln sich
an den Ufern
der Göttin
Gangha
und lachend
und platschend
opfernd
und tanzend
ihre Weiblichkeit
zu feiern

den Buddha
umkreisen
umspülen
mit Mantren
um ihn
aus seiner
steinernen Ruhe
ins eigene Herz
zu erwecken

der Tod
die wilde Kali
tanzt
immer schon
ihren Sehnsuchtstanz
nährt sich
von der Gier
nach Leben
diesem Streben
der Leiber
nach Glück

Reise an das „äußerste Ende der Welt“

Wandern in den Highlands und auf den Äußeren Hebriden, Schottland (2007)

Felsenbucht
um Felsenbucht
aneinandergereiht
stolz und trutzig
dazwischen
gurgelnde
schmatzende
Moore
eine Landschaft
so menschenfeindlich
rau und wild
und doch
rührt sie
in mir
eine tiefe Sehnsucht
nach Heimkehr

diese uralten Moore
Seen
der brandende
Atlantik
jagende Wolken
kleine
grüßende
Blauflecken
am weiten
alles überspannenden
Himmel
und ich
mit meinem
kleinen Herzklopfen
halte inne
und werde
ganz still

dem uralten
Fels
ist in Millionen
Jahren
nichts
als eine dünne
Torfmoorhaube
gewachsen
darunter
schlägt
das alte Drachenherz
klirren
die Waffen
von Elben und Zwergen
und hin und wieder
zeugen
stehende Steinkreise
von Menschenschicksalen
die auch hier
seit fünftausend Jahren
ihr karges Leben
fristeten

mich einhüllen
in dieses
gespinstische
Abendlicht
allem Zauber
über den Inseln
dem Meer
Raum geben
diesem Zauber
der Feen gebiert
für meine
Träume

hoch
auf einer Felsenklippe
ich so klein
im menschenleeren Land
schaue ich
dem Versinken
der Sonne
zu
sehe dieses
farbrauschende
Vergehen
des Tages
dieses Tages
hier
auf der Isle of Lewis
am äußersten Rand
der begehbaren Welt
wo ich
gewandert bin
immer an der Küste
an diesem Tag
der sich nun
so farbenprächtig
verabschiedet
der Nacht
alle seine Farben
schenkt

durch Heide
Moor
über
uralte Steine
so viele Schritte
bergauf und bergab
throne ich nun
wolkenhoch
über
dem glitzernden
Wasser
lausche
den Nixen
und Feen
höre
diese uralte
Melodie
der Freiheit

jeder Schritt
mein Gewicht
hier im Moor
Gefahr
alle Aufmerksamkeit
gebündelt
auf dieses
torfige Glupschen
und Saugen
jeder Schritt
kann
verhängnisvoll sein
und doch
ist dieses
aufmerksame Gehen
ein Genuss
für den Körper
und den Geist

steil bergab
diese uralte Felsenrinne
zwischen
den Hochmoorflächen
Birken und Farne
bieten
spärlichen Halt
ich erfahre
dass ich Mensch
auch ein Vierbeiner
bin
wie die leichtfüßig
vorauseilenden
Hunde

eben noch
Weite
grüngrüne
sanfte
moorige Hügel
soweit
mein Auge
blickte
dann
schroffe Felsen
Brandung
feenhaftes Glitzern
tanzt
auf dem Wasser
Meer
Atlantik
uferlose
blaublaue
Weite
so weit
mein Auge
blickt
bis auch
dieses Schiff
in seinen Hafen
einlaufen
wird

aus dem Fels
gemeißelt
von Zeit und Wetter
umtost
von der Brandung
dieses Tintagel
lange schon verwaist
Arthus‘ Ritter
Stein geworden
nur Lancelot vom See
geistert
in jeder Welle
die von den alten Zeiten
an dieser rauen Küste
erzählt

aufgebrochen
dieser gepanzerte Mut
Schmerz
Traurigkeit
kriechen hervor
kriechen hervor
unter dieser Alltagshaut
fließen
vermischen sich
mit Regen
und Wind
und ich
halte mich fest
an diesem Steinkreis
in unwirtlicher
Zeit

„Bienvenidos Chile!“

Reise durch das „dünne Land“ (Pablo Neruda) bis ans „Ende der Welt“: von Santiago de Chile bis Kap Hoorn (2008)

ich öffne
meine Sehnsucht
fliege
mit dem Kondor
hin
zu diesem
uralten
Atem
der in den verschatteten
Falten
der Anden
nistet

majestätisch
türmt sich
Gipfel um Gipfel
behütet
von ewigem
Schnee
bewachen sie
das emsige
ackernde
schwer atmende
Menschenwerk
treiben
die Seelen um
sich hinauf
zu wagen
auf ihre
schwindelnden
Höhen
all den Ballast
abzuwerfen
in dieser
leicht atmenden
Götternähe

schneeweiß
hat sich
der chilenische
Stern
aus dem
blaublauen
Himmelszelt
auf sein
feuergeborenes
Land
gesenkt
schmückt so
die Fahne Chiles
zu flattern
über diesem
kargen Vulkangipfeln
diesem schmalen
einsamen
Landstrich

meine Gedanken
schwirren
im endlosen
Rattern
über der
schnurgeraden
Piste
können sich
nicht formen
bleiben
unbestimmt
und leer
in der Zeit
der Weite
in mir
gefangen

aus meiner Sehnsucht
nach Wildheit
und Schönheit
ballt sich
eine rote Kugel
fliegt
mit dem Kondor
zu den schneeglitzernden
Vulkankegeln
der noch fernen
Andenkette
singt
ihr blaues Lied
der Freiheit

gestrandet
im Mohn
warte ich
auf die Flut
presse
seine Blütenblätter
gestrandete
Flügel
meiner
Träume

meine Seele
verbindet sich
mit diesen Gipfeln
dem Schnee
den Wolken
bettet sich ein
in diese
einsame Erde
schickt
rotes Klopfen
hinauf
zu diesem
blaublauen
Schoß
des Himmels

Brandrodung
ein barbarischer
Kahlschlag
des mütterlichen
Holzes
nur niedriges
Buschwerk
siedelt neu
nach diesem
Feuertod
angefüllt
mit Spinnennetzen
und Schweigen

auf dem
ausgefransten
Schwarz
meiner Seele
einen
wilden Tanz
wagen
an die verkümmerten
Schwingen
goldene Spitzen
träumen
loslassen
meine Melancholie
die uralte

papierflügelleicht
durch
meine Tage
diese urweltgrünen
Regenwaldtage
segeln
Gletscher
streifen
mit Papageien
kreischen
geborgen sein
in diesem
feuchtmoosigen
Sprießen

Regenkatzen
singen
ihr wildes Lied
auf meinem
Dach
senden
ihr Sternengemaunze
hoch
zu der Stille
der einsamen
Berggipfel
ich flüstere
mit meinen
Schatten
einen Beitrag
zu diesem
Konzert

die Gebete
der Menschen
haben sich
seit Jahrtausenden
zum Himmel
gestreckt
bilden
hoch Oben
auf dem Gipfel
einen
versteinten
Chor
ewiger
Anbetung

mit jedem
Atemzug
weitet sich
meine Seele
fallen sie ab
meine Fesseln
fliege ich
mit dem Kondor
über dieses
wilde
uralte
Land

aufgewacht
mit dem Geschmack
von Erde
im Mund
mit dem Geschmack
des Traumes
vom Wurzeln
und Wachsen
diesem
mich stemmen
gegen Wind
und Wetter
mit der Mondsichel
im Haar

stumm
schicke ich
mein Wolfsgeheul
aus
zu suchen
ein Echo
in den vier Ecken
der Welt
stumm
bleibe ich
und unerhört
mit meiner
heißen Sehnsucht

meine Worte
irren
durch
dunkle Schatten
reißen sich auf
am rauen
Leben
ziehen
eine rote Spur
zurück
in mein Herz

Traurigkeit
schwemmt aus
über das
ausgedörrte Land
meiner unfruchtbaren
Wünsche
treibt
endlich
eine unbekannte
Blüte
aus Stein

mein aufgeregtes
Menschendasein
los lassen
in diesen
Ewigkeitstakt
des Gletschers
der Berggipfel
spüren
diesen
unendlichen
langsamen
Herzschlag
der Erde

aus dem Zeitmeer
heben sich
still und majestätisch
steinerne Gipfel-
dringen ein
in mein
kleinliches
lautes
Menschenleben
heben
meine Sehnsucht
nach Freiheit
ans Licht

in steinerner
Wüste
fahren, fahren
so zerrädert sich
die Zeit
meine Lebenszeit
Staubwolke
nur
steigt auf
zum
blassblauen
Himmel
ich geblendet
vom grellen
Tagesgestirn
dörre aus
zu einer
lethargischen
Hülle

Schritt
für Schritt
die Erdenschwere
im Gepäck
befreit sich
mein Körper
in dieser
grandiosen
ewigen
Wildnis
hebt sich
mit dem Vogelruf
jubelnd
empor
wird leicht
vor Glück
und Staunen

den Augen
erlauben
zu sehen –
zu sehen
diese einsamen
Berge
zu Hören
diesen Ruf
der Ahninnen
die tief
im Gestein
im Wildwasser
und in den
uralten
Bäumen
ruhen
eins werden
endlich auch
mit mir

Gletscherwind
fällt
ungebändigt
von den Gipfeln
hat sie abgerissen
meine Alltagshaut
nun strömt es mir
Blau
Violett
und singend
aus jeder Pore
diese unbändige Lust
am Leben

inmitten
dieser gebleichten
brandgeschundenen
Baumleichen
Widerstand
gegen
menschliche Gier
trotzige Krone
im Wind
zerzaust

so fremd
eure Gesichter
Kleidung
Gewohnheiten
und doch
seid ihr
Schwestern und Brüder
im Herzschlag
im Wünschen
und Hoffen
weine ich
um euer Schicksal
ihr Selk`nams
und das
aller anderen
Opfer
des Christentums
dieser heiligen
intoleranten
Eiferer

auf den Spuren
der Entdecker
spüre ich
die Dramatik
dieses rauhen
menschenfeindlichen
Feuer – Lands
und eine große Lust
auch mein Menschsein
meine Grenzen
hier
zu erproben

die Geburt
der Vegetation
nach dem Rückzug
des zigtausendjährigen
Gletschers
berührt mich
tief
in meiner Verbundenheit
mit allem was auf diesem
Planeten
geschieht
in meinem eigenen
Mutter-Sein

mit
in Gedanken
versunkenen
Brauen
horche ich
auf die
hölzernen Tropfen
mythenbunter
Rhythmen
zu tanzen
diesen Göttetanz
auf dem Boden
den das ewige Eis
frei gegeben hat
zum Tanzplatz
für neues Leben

aus tiefliegenden
Wolken
entzaubern sich
traumdunkle
Berge
erzählen
von längst
vergangenen
Leben
Lieben
Leiden
nur in Ohren
die an diesen
Zauber
glauben

die Erde
von Feuerland
erschüttert
von Geschichte
und Ursprung
versunkene
Wiege
der Indios
deren Klagelied
einer
alles umfassenden
Einsamkeit
sich
an den
unzähligen
Gipfeln
bricht

ein Strom
von Wurzeln
durchzieht
die einsamen
Klänge
der Flöte
die sich
im Regendunst
vor uralten
Gipfeln
verlieren
werden
zur schöpferischen Kraft
geboren
aus Eruption
gewaltig
in Entwurf
und Farbe

mein Weg
über die Wolken
auf vier Rädern
und per Schiff
durch Urwald
und Steppe
vorbei
an diesen Götteraugen
den türkisen Seen
gehalten
vom Farbspektrum
des Regenbogens
hat mich
hierher gebracht
an dieses
Ende der Welt
nach Kap Hoorn
und lässt sie mich
spüren
diese unbändige
Kraft
der Verbundenheit
mit den Abenteurern
der Jahrhunderte

aus der Weite
diesem Kondorgefühl
dieser Lust
am Fliegen
über
unberührte Urwälder
in der reinen
klaren Luft
zurückgekehrt
in stahlträgergekreuzte
drangvolle
Eingeschlossenheit
im Flughafengebäude
ich kann hier
nichts mehr fühlen
bin ihr wieder ausgeliefert
dieser klimatisierten
stimmengeschwängerten
Zivilisation

Zeitreise an die Wiege der Menschheit

Gewonnen: eine Kreuzfahrt auf dem Nil (2008)

durch meine
alltagsgestresste
Glashaut
schimmert
auf Reisen
geheimnisvolles
Rosa
der Unbeschwertheit
meines frühen
Mädchenlachens

tourismusumspült
versuche ich
ein verzweifeltes
Lächeln
mit diesem
steinernen
uralten
zerborstenen
Mund
diesen
alten, wissenden
Augen
zu tauschen

Hieroglyphen
so alt
uralt
und doch
kindlich
naiv
leicht verständlich
jedes Detail
dieser Bildersprache
auch mir
noch
Aussage
und Antwort

mein Seelenblick
lässt
die Zeit
auslaufen
steht still
und stumm
vor all
dieser Zerstörung
nur eine Träne
netzt
die Natur
treibt
ein kleines
Grün

himmelstürmende
Gipfel
Kathedralen
der Anbetung
ohne
diese Steine
die der Mensch
in seinem Bestreben
nach Gotteshäusern
die sein Fleisch
überdauern
immer wieder
als Wunde
in die Ewigkeit
pflanzt

so gern
würde ich sie hören
die Geschichten
von Freud und Leid
der Arbeiter
Menschen
die unter Qualen
diesen Tempel
für Hatschepsut
erschufen

die Sonnenscheibe
Symbol
des Gott – Seins
geschützt
dieser Gott
durch
tausend Raffinessen
die heilige Barke
bringt ihn
über Flüsse
unter ihr
Schlangen
mit Beinern
ermöglichen es
dieser Barke
auch durch Wüsten
zu gelangen
alles
um im Jenseits
sich mit der Seele
zu vereinen

mich unter
den weit ausgebreiteten
Schwingen
der Göttin
Isis
flüchten
mich
in ihren Frieden
kuscheln
los-lassen
all` dieses
Hasten und Jagen
ankommen
hier
an dem uralten
lebenspendenden
Nil
ankommen
bei mir

Meisterschaft
der Baukunst
Stein auf Stein
geschmückt
mit den Legenden
der Götter
nimmt
er mich an
dieser heilige Raum
schenkt mir
Ruhe
und Frieden

Tempel
uralte
spirituelle Steinwerdung
schreitend und staunend
erlebe ich
diesen sinnvollen
Bau
lese ich die Bilder
fühle ich
das Heilige
gespiegelt
fühle ich
wie es
auch in mir
lebendig wird

dieser gewaltsame
Eingriff
in die Natur
diesen ewigen
Strom
dieser Stolz
des modernen Ägypten
mir laufen
Tränen
des Verlustes
ich fühle
keine Seelennahrung
hier

vom Frieden
der Isis
behütet
setze ich Segel
auf dem
uralten
Strom
gleite
im orangenen Licht
glücklich
dahin

dieses Wieder erkennen
in der Mythologie
der alten Ägypter
in dieser Symbolsprache
der Menschheit
die auch
in den Biblischen Geschichten
unseren Märchen
und Sagen
lebendig ist
hüllt
mich ein
in die schützenden Flügel
von Isis
eins
mit ihr
und allem
was war und ist
und sein wird
wie der Nil
der ewig fließt

Isis
liebende Gattin
Urmutter
gebärend
leidend
und doch
ihre Flügel
schützend
ausbreitend
ihre Tränen
Lebensquell
aus Liebe vergossen
nähren
den Nil
die Menschen
und ihre Seelen
ewiglich

Zeit
auch meine Zeit
hier am Nil
hat der Strom
ins Meer
getragen
kein Sandkorn
wird bleiben
von mir
an diesem
Urstrom
allen
Lebens

Im Land der Feenkamine

Kappadokien (übersetzt: das Land der schönen Pferde)
Zentralanatolien / Türkei (2009)

Friedrich Wilhelm Putzger – F. W. Putzgers Historischer Schul-Atlas 1901, Quelle: Wikipedia

vom Minarett
der Gesang
des Muezzins
ruft nicht nur
die Gläubigen
zum Gebet
lässt auch mich
innehalten
in Dankbarkeit
hier
sein zu dürfen vom Minarett
der Gesang
des Muezzins
ruft nicht nur
die Gläubigen
zum Gebet
lässt auch mich
innehalten

in Dankbarkeit
hier
sein zu dürfen
in diesem lieblichen
Höhlental
in dem seit Urzeiten
Menschen
geatmet gelitten geliebt
und in dem ich
ein Teil
von diesem Gestern und Heute
und mit Freude im Herzen
angekommen bin

aus unzähligen
Höhlenaugen
dringen
sakrale Gesänge
höre ich
St. Georg
mit dem Drachen
kämpfen
rauschen Flügelschläge
der Engel
über die Kegellandschaft
dieses verwunschenen
Landes hin
vibriert
es in mir
vor unerslöster
Sehnsucht

wandern
im Reich
der Seele
einkehren
in uralte
Felsenkirchen
Zwiesprache halten
mit den Christen
die hier im Schutz
der Tuffsteinkegel
ihren Glauben
lebten
ein karges Leben
unter dem hohen Himmel
der Freiheit

tiefe Augen
der Frömmigkeit
verborgen im Fels
versunkener
Jahrhunderte
duften
ihren Zauber
in Herzen
die ahnungslos
ihren Weg
kreuzen

versteinte Jahrtausende –
Feenkegel –
wachen
mit verzauberten Augen
werfen sich im Sonnenschein
grünrosagelbes Funkeln
über
ihre steinernen Flanken
locken mich
mit dem Prunken
tausender Wildblüten
hinauf
zu ihren Gipfeln
meiner Sehnsucht
zu folgen
mit den Schwalben
zu fliegen

der Vollmond
leuchtet
meinen Träumen
die lachend tanzen
wie ich
als Kind
ihr Innerstes
liegt offen
im silbernen Schein
der Nacht
ich gehe ihnen nach
in all der Stille
erbebe
vor dem Morgenrot

der blaue Morgen
lockt mich hinaus
leichtet
meinen Schritt
durch Blühen
und Prunken
hebt mich
hinauf hinauf
mit den Schwalben
zu fliegen
zu jubilieren
all` dieses schwere
Menschendenken
zu lassen

alles gleitet
rinnt vorüber
aus dem Mädchen
wurde eine Frau dann Mutter
alt geworden
steige ich
in den Hain
meiner Erinnerungen
finde mich dort
ein unbekanntes Wesen
das sich
an seinem Leben
freut
tanze mit ihr
zu meinem Lebenslied
mein Morgentraum
verblasst
in den fahlen Morgen

das noch eben
so herrlich große Leben
wird nun
umrahmt
vom Alltagsticken
meine Sternensehnsucht
sucht den Glanz
des Mondes
in den Schatten
entmutigt
bleibt mir nur
eine bittere Gebärde
des Lassens

Reise zur Kinderstube der Zivilisation

Ins Heilige Land zu Kreuzritterburgen, Moscheen und Tempeln in Syrien und Jordanien (2010)

den jagenden
Puls
eines Kreuzritters
gefühlt
am Mauerwerk
der Zitadelle
seine Angst
in mir
nachempfunden
verloren
dort
im muslimischen
Land
keine Rettung
naht
nur Verderben

zwischen
all den Steinen
Mauern
kalten Räumen
vergeblich
auf Mädchenlachen
gelauscht
kein Gewänderrascheln
kein Saitenspiel
belebt
diese Trutzburg
nur
Kampfgetümmel
und Männerschweiß
klingt
und riecht
meinen
suchenden
Sinnen

mein spirituelles Fühlen
entfaltet sich
leicht
und unbeschwert
im Ruinenfeld
des uralten
Klosters
in dieser himmeloffenen
Umschlossenheit
das Auge geleitet
von freistehenden
Säulen
hinauf
zu deren Gesprächen
mit hochaufragenden
Zypressen-
auch mir
innehaltend
hörbar fühlbar
ihr geheimes
Flüstern
und Sein

mit meinem
inneren Auge
zweitausend Jahre
zurück schauen
die Ruinenstadt
wieder beleben
hören riechen sehen
das bunte Treiben
im weißen Gewand
mit Sandalen
und freudiger Erwartung
ausschreiten
um meinen Liebsten
zu treffen
auf der Agora

immer wieder
mich los lassen
Sandkorn werden
mit dem Wind
mich treiben
lassen
über dieses
kargwilde
Land
ich
ein Teil
dieser Ewigkeit

Alphabeth von Ugarit

Spuren
der Ahnen
in Stein Holz Metall
Zeugnisse
vergangener Leben
verblichene Atemzüge
ausgeträumter
Wichtigkeiten
Mahnung an mich:
Lebe
Jetzt

die Wogen
der Zeit
erstarrt
in Vitrinen
auf Sockeln
warten
auf meine
Zwiesprache
für einen neuen
lebendigen
Augenblick

Ziegen
die durch den Himmel
jagen
Victorias Engelsflügel
Vasen Gläser
Formen
Gedanken Ideen
alles
war schon mal da
wurde
in über die Jahrtausenden
wiederbelebt
aufgegriffen
umbenannt
Gestern
wird
zum farbenprächtigen
Heute

ihr
feines Lächeln
vor dreitausend Jahren
in Stein
gebannt
eine Schwester
im Herzen
wieder erkannt

mit furios rotem
Gefieder
senkt sich
ein Engel
auf das
wüste Land
hüllt es ein
in seinen Schutz
streift auch mich
sacht

ausgemeißelte
Gesichtszüge
Augen
ein wacher Blick
ruft mich
berührt mich
wer bist du
Schwester
aus uraltem Stein

auf dem Berg
Nebo
tausendfaches
touristisches
Ah! und Oh!
Kamerablitzen
das „ gelobte Land“
für zu Hause
festgehalten
ich fühle mich
nur schwer
durch diese
oberflächlichen
Aufgeregtheiten
hindurch
finde Ruhe erst
und mein Spüren

in weiter Ferne
in meiner Kindheit
als ich
zum ersten mal
Deutschland
sah
und meiner
späteren Enttäuschung
folgte
wie das Volk
Israel
das kleine Mädchen
das staunend
steht
vor der unwirtlichen
Fremde
die ihm so honiggleich
verheißen

zaghaft
rötet sich
ein kleines
Wolkenloch
ein letzter Gruß
des Tages
nimmt mich mit
zieht mich
sacht
in seine
und meine
Nacht

erstarrte
Eruption
bebende Erde
haben sie geschaffen
diese Schlucht
diesen Weg
in das spirituelle Innere
des Gebirges
den Jahrtausende
Menschen
ich
gepilgert sind
ergriffen
nach Petra
dieser Felsenstadt
der Nabatäer
staunenden
Herzens
suchend

Sehnsucht nach Weite und Unberührtheit, nach dem Eintauchen in Zeit-Losigkeit

„Himmel und Erde sind grenzenlos, aber dem Menschen ist ein Ziel gesetzt“ (Fritz Mühlenweg)

Die Wüste Gobi und die Mongolei (2009)

Winde
tragen ihn fort
diesen Sand
lagern
uralte Erinnerungen ab
zu Dünen
Sandmeeren
der Zeit
mit meiner Sehnsucht
nach Ewigkeit
vertraue ich mich an
diesem Sand
diesen Spuren
fühle Geborgenheit
bei jedem Schritt

warmer Wind
jagt
von den Bergen
in die Schluchten
reißt an mir
und meinen
eingefahrenen
Strukturen
nimmt
mein enges kleines Denken
auf seine Schwingen
lässt mich
hier
frei und glücklich
sein

aus dem Sand
meiner Erinnerungen
habe ich mich
herausgewunden
setze nun
Schritt vor Schritt
in meine
blaue
Gegenwart

Windgeister
raunen
Tag und Nacht
über das öde Land
tragen
auf ihren Schwingen
das Wissen
vom Sterben
und Leben
kichern
über die Versuche
der Menschen
sich gegen
dieses Ewige
zu stemmen

unermessliche Weite
Wüste
eine große
herzergreifende
Stille
tickt und tickt
macht mich frei
mein Glück
in mir
zu suchen
Steppenwind
fegt
durch die Wirbel
dieses riesigen
Sandskeletts
singt
sein Sturmlied
lässt Sandreigen
steigen
uralt und ewig
dieser
Wüstentanz

festgekrallt
auf ödsandigem
Grund
unter
sengend
blauem Himmel
behaupten Jurten sich
Zuflucht
und Obdach
in dieser
Unendlichkeit
der Gobi

Nachts
wenn Sandgeister
mit dem Steppenwind
über die Ödnis
jagen
wispert es
in manchem Traum
von uralten Geschichten
die hier niemals
ruhen

mit unklarer Sehnsucht
im Herzen
über
unzähmbare
Steppen Sande Steinwüsten
gesättigt
von Freiheit
bin ich angekommen
bei mir

ausgesetzt
im Kargen
schleppe ich
den Ballast
der Zivilisation
in jeder Pore mit
schwitze
alles aus
unter dieser
gnadenlos
sengenden
Sonne
werde
Wesentlich
und leicht

mit der Dämmerung
die sich
auf das Tal
das Vieh
die Pflanzen
senkt
kehrt
auch in mich
Ruhe ein
kehre ich heim
mit der Herde
ins Dorf
komme an
bei mir

je schwerer härter karger
das Leben
desto prunkvoller
erschufen
die Menschen sich
ihren Götterhimmel
auf Erden

mich
in der Vielfalt
des Mandalas
verlieren
mich öffnen
in die vier Himmelsrichtungen
Kraft schöpfen
aus diesem
Form gewordenen
Mantra

in der Steppe
lauern
böse Geister
vertreiben
die gequälten
durstenden
Engel
müssen
besänftigt werden
mit Opfern
und Gebeten
zum Überleben

Endlich Cornwall – endlich Stonhenge!

Radreise durch Südengland (2012)

Hoch-Sommer
fährt seine Ernte ein
Stoppelfelder
so gelb wie die Sonne im Winter
lassen mich ahnen
den kommenden Herbst
mit seiner
verschwenderischen Fülle
den kälter werdenden Tagen
die mich wieder treiben
in die warmen Stuben
zu dem inneren Reichtum
der mir den Winter buntet

meiner Sehnsucht folgen
in die Pedalen treten
mich frei fühlen
zwischen endlosen Feldern
der Stille der Natur
Blütendüfte atmen
Windmusik lauschen
nichts ist wichtig
nur dieses Fahren
und mit allen Sinnen
Da-Sein

Stonehenge I

horchen
auf das leiseste Wispern Rascheln
auf eine Botschaft
von den Menschen
die diesen Steinkreis erschufen
gebetet gelitten hatten
mich berühren lassen
von diesen
mystischen Steinen
Zwiesprache halten
mit meinen Ahninnen
verschmelzen
in der Zeit

Stonehenge II

mein Leben lang
bin ich Nomadin
fremd abseits
der Ein-heimischen
wo ich auch lebte
ich lausche schon lange
auf den Ruf der Kraft
meine Sehnsucht
nach Heimkehr
Erdung
um nicht mehr flüchtig
unterwegs zu sein
anzukommen bei mir

Stonehenge III

Meile um Meile
durch grüne Hügel
näher und näher
komme ich
diesem spirituellen Ort
der in meinen Träumen
sich öffnete
mich rief
seit Jahren schon
ein Sehnsuchtsziel
meiner Suche
nach Heimkehr
in offene liebende
Mutterarme

Stonehenge IV

in den Circle aus Stein
Sonnenergie Licht
einladen
zu wirken
sich anzureichern
zu einer Kraft
die seit Jahrtausenden
strömt pulst
Menschen
mich
öffnet
durchströmt
mit heiligem Schauer

Reise in die Kindheit

Mit dem NDR nach Oranienbaum (2019)

mir das ewige Lied
der Brandung
den unendlichen Horizont
mit seinem ständigen Wehen
als Erinnerung
ins Herz schreiben
Bilder
von glücklichen Tagen
am Meer
dieser Luft
dieser einmaligen
belebten salzigen Luft
tief einatmen
gegen den Stress
des Alltags

himmelstrunken
frei von den Fesseln
des Lebens
stehe ich
auf rotem Felsen
umtost
von Wind Wellen
und Möwengeschrei
lasse meine Sehnsucht
aufsteigen
segle
übers Meer
in mein verlorenes
Kindheitsland

staunend
immer wieder staunend
stehe ich am Ufer dieser Ewigkeit
dieses mich spiegelnden
meinen Atem aufnehmenden
Ewigkeitsaugenblicks
am Meer
ahnend
meinen Eingang
in diese
Randlosigkeit
die nach Salz schmeckt

***

ein Wunder
diese
geplante Reise
an den Ort
meiner Kindheit
ich lasse dieses Wunder
mir nicht mehr aus den Augen
ich traue mich glücklich zu sein
in der Erwartung
dieser Reise
in die Fremde
die ich einst
Heimat nannte

jetzt
vierzehn Tage
vor Reisebeginn
sehe ich es vor mir
mein Oranienbaum
ist es noch eingefangen
in meinen Kinderaugen
kann ich noch hören
mein Kinderlachen
bin ich eingewoben
in mein Gestern
in meinem gealterten Heute
eine Rückkehr
zu kindlichen Ufern
im Schloss
eine Heimat
die weit weit
im Gestern
liegt
und doch
eine Heimkehr
in einen
meine Seele bergenden
Hafen

mein Heimatatem
zugeschüttet von
der Menschenfülle
den Autolawinen
den Schnellstraßen
fällt es ihm schwer
meine kindliche Geborgenheit
von einst
wieder zu finden
nur wenige
frei stehende Birken
kleine Heidekrautflächen
lächeln
aus diesem
meinem früheren Leben
mir zu

hochschlagende
Gefühle
schwemmen mir
gestriges
in Hirn und Herz
verwundert erstaunt
sehe ich
dem kleinen Mädchen zu
das unbeschwert
von der Schwere der Zeiten
fröhlich
seine Kinderspiele
betreibt

Millionen Tote
mahnen rufen
aus vergilbten
Lebensläufen
ihre
gestorbenen Hoffnungen
geistern
nur noch
in konservierten Unterlagen
schlagen sich durch
bis in die Museen
in denen sie getreulich
gehütet werden
doch nur seltenen Besuchern
können ihre kriegerischen Geschichten
zur Mahnung
erzählt werden
mir eine Welt erschaffen
sie hierher holen
zwischen nüchterne öde Wände
musealer Sammlungen
Freiheit
mir herbeirufen
vorauseilen
an die Gestade
meines geliebten
Ostsee – Meeres
barfuß glücklich
dort feiern
dieses Fest
meiner erneuten Heimkehr

Erinnerungen
von der Newa
ins Meer getragen
beflügeln
meinen alten Leib
zum glücklich Sein
an diesem Gestade
das meine Kindheit
behütete

Über die Autorin

Heidrun Schaller, 1943 in Eckernförde geboren, 1946 mit den Eltern in die Sowjetunion verbracht. 1953 nach Ost-Berlin (DDR), 1954 Flucht in den Westen.

Dekorateurin, Erzieherin, Diplom-Sozialpädagogin, Leiterin eines Heilpädagogischen Kinderheimes in Neumünster, Lehrerin an der Sonderschule für geistig behinderte Kinder in Braunschweig, Dozentin an einer Fachschule für Sozialpädagogik, Fortbildungsreferentin im Amt für Jugend in Hamburg.
Geschieden, ein erwachsener Sohn.

Als Malerin ist sie heute mit eigenem Atelier in Glückstadt niedergelassen. Ausstellungen und Veröffentlichungen als bildende Künstlerin:

2007: Acrylbilder und Texte in dem Buch „Die weibliche Seite Gottes“ (wort und mensch verlag)

2009: Rathaus von Grevesmühlen – Acrylbilder im DIN A 0 Format

2010: Mozartsäle des Freimaurerhauses in Hamburg – Acrylbilder im DIN A 0 Format

Januar 2018: Ausstellung „... und immer wieder der Mensch ...“ – 27 Bilder mit Texten im „Kulturhaus Alter ZOB“ in Heide

März bis August 2018 Ausstellung „... und immer wieder der Mensch ...“ – 27 Bilder mit Texten im Wichern Haus in Meldorf

Oktober bis November 2018: Ausstellung: „... und immer wieder der Mensch ...“ – 27 Bilder mit Texten in der Sparkasse Glückstadt

Oktober 2020: Ausstellung in der Galerie Cavasamba in Haselau

Als Autorin schreibt Heidrun Schaller seit etwa 45 Jahren intensiv und hat seitdem in zahlreichen Anthologien und Fachzeitschriften veröffentlicht. Als Einzelpublikationen sind u. a. zu nennen:

Wachstum geht nicht ohne Schmerzen (Lyrik – 1989, Till Sitter Verlag, Bremen)

Birkengrüner Wind (Lyrik – 1991, Sonnenreiter Publikationen, Langenhorn

Ablagerungen des Regenbogens (Prosa – 1992, Sonnenreiter Publikationen, Langenhorn)

Pantha rhei (alles fließt <Heraklit>; Lyrik und Prosa – 1994, Sonnenreiter Publikationen, Langenhorn)

Chaos huscht durch die Perfektion (Lyrik – 1995, Edition Thaleia, Saarbrücken)

Kinder stark machen gegen die Sucht (Elternratgeber – 1997, Herder Verlag, Freiburg)

... und immer wieder der Mensch ... (27 Texte und Bilder – 2018, elbaol verlag hamburg)

Ein unbeugsames Blatt im Wind der Zeit (80 Miniaturen in Prosa – 2018, elbaol verlag hamburg)

Solostimme auf gebrauchtem Papier (Gedichte – 2019, elbaol verlag hamburg

Seit über 45 Jahren veranstaltet Heidrun Schaller kreative Schreibseminare an Volkshochschulen, Bibliotheken und in Schulen.

In den letzten Jahren hat sie außerdem mehrere Kooperationsprojekte mit Malerinnen durchgeführt (sie schreibt zu deren Bildern oder sie malen zu Heidrun Schallers Texten):

1992: „5 Farben" – multimediale Collage mit der Malerin Elise Andresen und dem Komponisten Wittwulf Malik sowie mit einer Tanzgruppe des Rathsgymnasiums in Rotenburg/Wümme. Heidrun Schaller schrieb die Texte zur Musik; Aufführung im Rahmen des Festivals der Chöre in Rotenburg.

1997: „Erdkleider" – multimediales Projekt mit der Malerin Magret Huch aus Kiel, mit einer Sängerin und zwei Tänzerinnen. Heidrun Schaller schrieb die Texte. Aufführung n der Alten Synagoge in Rendsburg.

1997: „Schatten im Spiegel“ – 12 Paare – je eine Malerin und eine Lyrikerin – arbeiteten sich gegenseitig inspirierend zu diesem Thema. Erscheinen einer gleichnamigen Buchpublikation, herausgegeben von der GEDOK Schleswig-Holstein und gesponsert vom Kultusministerium Schleswig-Holstein. Zusätzliche Ausstellung aller im Buch veröffentlichten Texte und Bilder sowie drei weiterer Arbeiten der Paare in der GEDOK-Galerie in Lübeck.

1999: Präsentation der Gesamt-Ausstellung mit den Texten in Reykjavik in Island.

1997: „Nordwärts“ – Ausstellung mit der Malerin Birgit Rautenberg-Sturm aus Stein im „Alten Rettungsschuppen“ in Laboe. Heidrun Schaller verfasste die Texte zu den von nördlichen und Seefahrer-Eindrücken inspirierten farbigen Radierungen und großformatigen Linolschnitten der Künstlerin.

1999: Lesung mit eigenen Texten zu einer Ausstellung von Liselotte Horstmann unter dem Motto „Feen, Gnome und Sylphen“ bei der Vernissage am 7. Juni in Berlin-Zeuthen.

Am 7. November Lesung zur Ausstellungseröffnung von Lieselotte Horstmann im DILARA in Hamburg.

2001: Ausstellung mit Werken der Malerin Bärbel Grimm und Texten sowie einer Lesung von Heidrun Schaller unter dem Motto „Innen- und Außenansichten mit Pinsel und Federhalter" in einer Braunschweiger Kanzlei.

Im April wurde diese Ausstellung mit Texten und einer Lesung von Heidrun Schaller auch im Marschtorzwinger in Buxtehude gezeigt.

Von Juni bis August war unter dem Motto „Element und Landschaft (Innen- und Außenansichten)“ eine Ausstellung mit Werken der Malerin Bärbel Grimm und mit Texten von Heidrun Schaller in der Heimvolkshochschule-Sprengelzentrum von Bederkesa zu sehen, ebenfalls mit einer Lesung von Heidrun Schaller.

Im Juli Eröffnung einer Ausstellung in der Galerie am Schloss in Heidelberg mit Werken der Malerin Margarete aus Tunesien, zu deren Bildern Heidrun Schaller Gedichte verfasst hatte.

Im Verlauf von über 40 Jahren hat Heidrun Schaller zu ca. 15 weiteren Ausstellungen von KünstlerInnen Gedichte geschrieben und bei den Vernissagen vorgetragen.

Heidrun Schaller erhielt u. a. den Prosapreis der Stadt Wolfen (2003), den Förderpreis für Literatur der Interessengemeinschaft deutschsprachiger Autoren IgdA (2007), den Lyrikpreis der Stadt Hildesheim (2009) und den 1. Preis beim Wolfsburger Literaturpreis (Prosa; 2012).

Sie ist Mitglied in der Hamburger Autorenvereinigung und als Repräsentantin für Norddeutschland in der Gesellschaft der Lyrikfreunde Innsbruck.

Mehr von **Heidrun Schaller** im **elbaol verlag hamburg**

HEIDRUN SCHALLER

... und immer wieder der Mensch ...
BILDER und GEDICHTE

ISBN 978-3-939771-66-1
EUR 11,99

Die Bilder und Gedichte in diesem Band waren 2018 im Rahmen von Ausstellungen u. a. in Heide und Meldorf an der Westküste Schleswig-Holsteins zu sehen. In diesem Band nun hat Heidrun Schaller dieses ihr sowohl poetisches als auch malerisches Werk zusammen gestellt.

Mehr von **Heidrun Schaller** im **elbaol verlag hamburg**

HEIDRUN SCHALLER

Ein unbeugsames Blatt im Wind der Zeit
MINIATUREN IN PROSA

ISBN 9783-939771-72-2
116 Seiten, künstlerische Farbillustrationen der Autorin
EUR 10,99

Alltägliche, oft nichtige, flüchtige Beobachtungen sind der Autorin immer wieder Anstöße zum Nachdenken und Niederschreiben in prosaisch-lyrischer Kurzform. So ist ein Kaleidoskop von meistens fröhlichen, oft aber auch tiefsinnigeren, manchmal sogar philosophischen Geschichten entstanden – illustriert mit 7 Bildern von Heidrun Schaller. In diesem Band haben sich etwa 80 "Miniaturen in Prosa" versammelt, um oft muschelgrüne Alltagsstille mal laut, mal leise zu beleben, ja vielleicht auch den Sternen eine Nachtgeschichte ins All zu entsenden.

Mehr von **Heidrun Schaller** im **elbaol verlag hamburg**

HEIDRUN SCHALLER

Solostimme auf gebrauchtem Papier
GEDICHTE

ISBN 9783-939771-77-7
116 Seiten, künstlerische Farbillustrationen der Autorin
EUR 11,99

Schreiben ist für mich der Weg (neben dem Malen), mein Leben zu bestehen, wie ich, wie die Welt um mich herum lebenswert bleiben kann, denn in meinen Texten wird meine individuelle Erfahrung, Reflexion von Welt, allgemein erfahrbar wiedergegeben.
„Was sagt dieses Gedicht mir?" DAS wünsche ich mir: dass meine Leser*innen sich das fragen! Dass sie sich anrühren, inspirieren und zum Nachdenken anregen lassen.

In Sophokles' „Antigone" sagt diese: „Nicht mitzuhassen, mitzulieben bin ich da". Und DAS ist auch meine Mission.